AF226722

LE

PROBLÈME EUROPÉEN

> « La rivalité jalouse des puissances
> « empêchera-t-elle sans cesse le progrès
> « de la civilisation?..... J'appelle de
> « tous mes vœux le moment où les
> « grandes questions qui divisent les
> « gouvernements et les peuples pour-
> « ront être résolues pacifiquement par
> « un arbitrage européen. »
>
> (NAPOLÉON III : *Discours au Corps
> législatif et au Sénat des 5 et 21 no-
> vembre 1863.*)

PARIS

E. DENTU, LIBRAIRE-ÉDITEUR

PALAIS-ROYAL, 17 ET 19, GALERIE D'ORLÉANS

—

1866

LE

PROBLÈME EUROPÉEN

> « La rivalité jalouse des puissances
> « empêchera-t-elle sans cesse le progrès
> « de la civilisation?..... J'appelle de
> « tous mes vœux le moment où les
> « grandes questions qui divisent les
> « gouvernements et les peuples pour-
> « ront être résolues pacifiquement par
> « un arbitrage européen. »
> (NAPOLÉON III : *Discours au Corps
> législatif et au Sénat des 5 et 21 no-
> vembre 1863.*)

I

L'Allemagne

L'opinion est préoccupée de l'attitude des grandes puissances allemandes et de l'Italie d'une part, et de l'autre, de la révolution accomplie, il y a deux mois, dans les provinces danubiennes. Elle y voit de graves motifs de redouter une guerre européenne, et ce n'est pas sans raison ; car il s'agit de la question toujours renaissante d'Orient, se compliquant d'une question d'Occident.

Ces objets de justes préoccupations, toutefois, ne sont que des symptômes du mal profond qui travaille la vieille Europe ; et ce mal est dû, soit à de mauvaises dispositions organiques résultant d'anciennes violations de territoire ; soit à une gêne naturelle de plusieurs États, dans leurs limites trop étroites ; soit à la surannéité des institutions chez plusieurs peuples ; soit enfin à l'absence d'un institut modérateur, propre à régulariser des tendances divergeantes. Les dettes d'État, toujours croissantes, compliquent une situation si précaire, et tout annonce l'approche d'une décomposition à laquelle pousse encore incessamment une puissance à qui, seule, la ruine générale peut profiter.

La Prusse et l'Autriche ne manifestent pas distinctement ce qu'elles veulent. Hier elles étaient d'accord entre elles pour dépouiller le Danemark de deux provinces ; aujourd'hui elles feraient peut-être la paix si elles osaient se partager les petits États de la Confédération, sauf à trouver plus tard, dans une rivalité jalouse, quelque nouveau motif de se quereller. Evidemment l'Autriche et la Prusse rêvent encore de moyen âge, pour ne pas dire de barbarie. Mais l'intérêt de leurs États et de leurs peuples ne sont point en cela, et si elles veulent ouvrir les yeux à la réalité, elles reconnaîtront qu'elles ont chacune de leur côté des besoins d'expansion commerciale et d'influence extérieure, qui ne s'excluent point, et qui peuvent obtenir satisfaction par des voies pacifiques.

Il faut à la Prusse un nouveau débouché et des ports sur la Baltique, et l'intérêt de l'Autriche réclame un débouché et des ports sur la mer Noire : toute nation qui peut aboutir à la mer doit y avoir pavillon.

Mais si les tendances de la Prusse et de l'Autriche se résument dans des besoins légitimes d'expansion extérieure, pourquoi ne les exposent-elles pas loyalement aux autres puissances ? Pourquoi ne demandent-elles pas à un congrès pacifique une meilleure distribution de territoire, en admettant les autres États à exposer eux-mêmes des nécessités analogues ? Pourquoi, tout d'abord, semblent-elles vouloir s'affranchir d'une disposition fondamentale du pacte fédéral, qui leur interdit la guerre ? Est-ce qu'une guerre entre les deux puissances, en supposant qu'elle pût se limiter à un duel isolé, avancerait beaucoup leurs affaires et celles de leurs peuples ? A notre avis, la Prusse et l'Autriche n'auraient fait que violer de nouveau leur pacte fédéral, s'affaiblir mutuellement et exposer la paix générale. Les annexions qu'elles auraient pu réaliser, chacune de son côté, au préjudice des duchés ou pays voisins, ne seraient que des faits nouveaux dans le système purement négatif et arbitraire qui démolit, jour par jour, le vieil édifice restauré par les traités de 1815.

Mais n'a-t-on pas déjà suffisamment démoli pour songer à reconstruire; ou plutôt, ne pourrait-on pas prévenir désormais, par la satisfaction des intérêts internationaux et par le perfectionnement simultané des institutions extérieures, des démolitions encore nécessaires et inévitables? A chaque oscillation de l'édifice européen, on est forcé de se rappeler ce mot, devenu vulgaire, de Napoléon Ier : *La vieille société européenne est à bout!...* L'Europe féodale et guerrière incline en effet vers la ruine, et elle ne saurait l'éviter qu'en se transformant, et en empruntant à la civilisation moderne le principe moral qui substitue le droit à la force dans la satisfaction à donner aux intérêts en litige. Il est temps que les gouvernements deviennent aussi moraux que les honnêtes gens de tous les pays civilisés; et, à cet effet, ils doivent se pénétrer d'un sentiment sincère de bienveillance mutuelle, et renfermer leurs relations de toute nature dans le régime du droit commun et des lois. Si les États d'Occident n'entrent pas loyalement dans cette voie, ils aboutiront, dans un avenir prochain, à des catastrophes, réservées comme châtiment logique, à l'antagonisme séculaire qui use leurs forces en pure perte, et dont la banqueroute sera l'irrémissible signal.

Il y a trois ans, un grand exemple et un précieux avertissement furent offerts aux souverains et aux peuples, et l'on pouvait y reconnaître, avec le côté conservateur de la Révolution française, le complément des principes libéraux que ce grand événement a apportés dans le monde. Napoléon III, jetant un regard inquiet sur cette Europe qui fléchit de toutes parts, faisait entendre devant les grands corps de l'État, et communiquait aux gouvernements étrangers les paroles suivantes : « Je viens, écrivait l'Empereur aux « autres souverains, le 4 novembre 1863, vous proposer de régler « le présent et d'assurer l'avenir dans un congrès..... Je suis prêt, « sans système préconçu, à porter dans un conseil international « l'esprit de modération et de justice, partage ordinaire de ceux « qui ont subi beaucoup d'épreuves diverses.....

« Le moment n'est-il pas venu, disait le lendemain l'Empereur,

« dans son discours d'ouverture des Chambres, de reconstruire sur
« de nouvelles bases l'édifice miné par le temps et détruit pièce
« à pièce par les révolutions?..... Quoi de plus légitime et de
« plus sensé que de convier les puissances de l'Europe à un congrès
« où les amours-propres et les résistances disparaîtraient devant un
« arbitrage suprême! Les traités de 1815 ont cessé d'exister. Ils
« ont été brisés en Grèce, en Belgique, en France, en Italie, comme
« sur le Danube. L'Angleterre les a généralement modifiés pour la
« cession des îles Ioniennes, et la Russie les foule aux pieds à Var-
« sovie. Quoi de plus conforme aux idées du siècle, aux vœux du
« plus grand nombre, que de s'adresser à la conscience et à la
« raison des hommes d'État de tous les pays et de leur dire : Les
« préjugés et les rancunes qui nous divisent n'ont-ils pas déjà trop
« duré? La rivalité jalouse des grandes puissances empêchera-
« t-elle sans cesse le progrès de la civilisation? Entretiendrons-nous
« toujours de mutuelles défiances, par des armements exagérés?
« Les ressources les plus précieuses doivent-elles s'épuiser indé-
« finiment dans une vaine ostentation de nos forces?... Deux voies
« sont ouvertes : l'une conduit au progrès par la conciliation et la
« paix; l'autre, tôt au tard, mène fatalement à la guerre, par
« l'obstination à maintenir un passé qui s'écroule. »

Répondant, le 21 novembre, à l'Adresse du Sénat, Napoléon III
disait encore : « J'appelle de tous mes vœux le moment où les
« graves questions qui divisent les gouvernements et les peuples
« pourront être résolus pacifiquement par un arbitrage européen.
« Ce souhait était celui du chef de ma famille, lorsqu'il s'écriait à
« Sainte-Hélène : *Se battre en Europe, c'est faire de la guerre civile !*
« Cette grande pensée, jadis une utopie, ne peut-elle pas devenir
« une réalité? Ne nous préoccupons des obstacles que pour les
« vaincre, et de l'incrédulité que pour la confondre. »

Ce sont là, il faut l'avouer, de sages paroles, et elles emprun-
tent un rare éclat à l'autorité souveraine. Pourquoi les autres
gouvernements n'y voient-ils pas une invitation salutaire à prendre eux-mêmes la direction d'un progrès indispensable? Pourquoi
les partis libéraux ne s'y rallient-ils pas avec dévouement et con-
stance, prenant, où elle réside, la puissance pour faire le bien?
Pourquoi les corps moraux ne secondent-ils pas activement une
initiative si généreuse et si haut placée? Il y a partout, en Europe,
des cours de justice, gardiennes du droit ; elles devraient protes-

ter, au nom du droit, chaque fois qu'il s'agit de guerre. Il y a plusieurs communions chrétiennes ; on devrait voir des prêtres sortir de leurs églises pour étendre les bras en forme de croix entre des armées qui se menacent. Il y a plus haut encore, le chef spirituel de cent cinquante millions de catholiques, qui pourrait protester au nom d'une religion de fraternité et de paix ; il joue lui-même aux soldats ? Et cependant, si deux hommes du peuple se prenaient de querelle sur une de nos places publiques, il s'en trouverait vingt pour les séparer et invoquer la justice. Est-ce donc toujours en bas qu'il faut aller chercher les sentiments moraux et l'humanité ?

Les rois se font justice à eux-mêmes, c'est la guerre. Les peuples se font justice à eux-mêmes, c'est la révolution. Ne peut-on comprendre que, si à la place de cet arbitraire individuel et brutal, on établissait entre les États l'élément modérateur qui fait la base de la société civile, c'est-à-dire une justice de droit commun, on supprimerait à la fois la guerre et la révolution ?

Comment ne pas voir qu'un état de choses qui, depuis un demi-siècle, ne repose que sur des armements ruineux, aura son terme fatal du jour où le crédit faillira !

II

Les Principautés danubiennes

Il y a douze ans, les Provinces danubiennes semblaient devoir tomber au pouvoir de la Russie, et marquer un pas de plus de cette puissance dans sa marche systématique vers l'Occident. L'ambassadeur du tzar auprès du sultan élevait la voix plus haut que ne le comporte la bienséance et présentait, comme des ordres, à la Sublime-Porte, les exigences de son souverain. Bien plus, une armée russe était massée sur la frontière danubienne et la franchissait au mépris de la paix générale et de la haute suzeraineté qui la protégeait.

On assurait même, alors, que l'empereur Nicolas avait prononcé des paroles trahissant une longue impatience, et que ce monarque avait jugé l'heure venue de porter ses regards sur l'itinéraire tracé dans une pièce fameuse, et de descendre à Constantinople. L'on ajoutait, non sans raison, que l'Autriche, la Prusse et autres États allemands, sacrifiant à de vaines terreurs de l'esprit révolutionnaire, étaient disposés à tolérer cette nouvelle invasion du colosse, comme elles avaient toléré, à deux époques antérieures, le funeste partage de la Pologne.

La situation était donc critique au suprême degré pour l'Europe.

Ce fut la France qui jeta le cri d'alarme. Elle remontra aux autres puissances la nécessité d'une résistance dans l'intérêt commun. La France fit plus, elle partit pour l'Orient, dût-elle se trouver seule avec la Turquie, pour l'accomplissement d'un devoir d'où dépendait le salut de l'Europe occidentale et de la civilisation moderne.

On connaît la guerre de Crimée. L'Angleterre, toujours intelligente, nous y suivit pour ses intérêts ; et l'Italie, pleine du sentiment de ses prochaines destinées, nous y rejoignit par affection, et une conférence s'ouvrit bientôt à Vienne pour aviser au rétablissement de la paix.

Sur quoi portèrent ses délibérations ?

La conférence ne jugea pas devoir envisager la question européenne dans sa généralité. Elle borna son attention aux affaires danubiennes et crut fermer une plaie générale, en mettant le doigt sur ce point microscopique de la carte, et en formant, ou plutôt en laissant se former, malgré sa décision et les résistances de la Porte, une principauté moldo-valaque? Pensait-elle élever ainsi un rempart infranchissable à la Russie et conjurer le péril séculaire et incessant de l'invasion ?

La création d'une principauté danubienne fut un non-sens capital. En fermant l'accès de la mer Noire à l'Autriche, seule puissance qui fût à portée de s'y établir gardienne de la paix, elle la refoulait de plus fort sur l'Italie, et la mettait dans la nécessité de s'opposer, pour maintenir son équilibre en Allemagne, à ce que la Prusse eût, de son côté, des issues maritimes vers la Baltique. N'était-ce pas là le contraire absolument d'une opération rationnelle? Et comment se dissimuler, aujourd'hui, que cette création compressive ne recélât, comme un germe fatal dans son sein, les guerres qui ont dû avoir lieu depuis en Italie et dans les duchés, guerres non terminées, et dont les foudres assoupies peuvent éclater encore d'un moment à l'autre sur le Mincio et sur l'Elbe, et mettre l'Europe entière en feu !

Du reste, l'idée qui avait accompagné l'Empereur à la guerre d'Orient au nom de l'*intérêt commun* ne fut pas comprise ou du moins fut éludée dans la conférence de Vienne, qui restait dépourvue dès lors et de principe et de but. Était-il possible en effet que l'intérêt général se résumât dans l'organisation d'une ou de deux principautés de l'importance d'autant de départements de France, et que le mal ou la cause de la crise, en réalité, fût là ? Le mal était ailleurs, et plus grand. Le mal était plus ou moins partout, avec l'inharmonie des éléments politiques et économiques, et le danger de l'invasion dans l'avenir continuait à compliquer le malaise des États.

Et quelle était l'idée impériale méconnue ou éludée par la conférence ?

L'idée de Napoléon III, qu'il faut considérer comme entrant dans la mission de la dynastie des Bonaparte, consistait, selon nous, dans les simples mots d'intérêt commun et de droit commun dont il avait fait le prologue de la guerre, et que nous pouvons également appeler l'idée napoléonienne ou l'idée de la Révolution française. C'était, dans une extension logique de ces mots, l'Europe constituée conformément aux intérêts généraux, et pacifiée par une institution de droit public international : pensée sainte comme la conscience et l'infortune, que murmurent encore les récifs de Sainte-Hélène et les échos de Ham, et que l'appel inopiné des 4 et 5 novembre aux puissances et à la nation faisait reparaître dans sa splendeur et dans sa sérénité.

Il existait donc un principe, et fort bien placé, au service de la conférence de Vienne, et les diplomates qui la composaient devaient, croyons-nous, s'en saisir.

Quant à l'objet, il se présentait lui-même à la conférence dans une Europe divisée d'intérêts, entretenant sous les armes quatre millions d'hommes et accablant d'emprunts et d'impôts les peuples pour maintenir depuis quarante ans une paix armée. Il était dans les entraves imposées, sur plusieurs points encore, au commerce international. Il était dans la crainte continuelle des nations de se voir en guerre l'une contre l'autre, malgré l'esprit conciliant de la plupart des souverains, et comme par une aveugle fatalité. Il était enfin dans une Europe occidentale comprimée par suite d'anciennes invasions, dont les nations manquent d'aisance pour leur expansion politique ou commerciale.

Dira-t-on que le problème européen n'était pas posé d'une manière aussi précise et dans une telle étendue à la conférence ; que les pouvoirs des plénipotentiaires la composant se bornait à mettre fin à la guerre de Crimée, et à neutraliser un fait désastreux sans en rechercher les causes. Les plénipotentiaires de Vienne avaient reçu implicitement la mission d'étudier à fond l'état général des choses, et les causes aussi bien que leurs effets, puisqu'il s'agissait de la paix du monde. Après la guerre de Trente-Ans, les conférences qui furent ouvertes à Osnabruck et à Munster ne reçurent pas d'autre mission des puissances que celle de pourvoir à la paix. Mais leurs plénipotentiaires, qui avaient sous les yeux la situation lamentable de l'Europe, se mirent à l'œuvre avec l'amour du bien commun, appelant à leur aide les lumières des philosophes et des juristes, et le congrès de Westphalie, qui leur succéda, n'eut plus qu'à enregistrer et à classer les éléments précieux qui allaient donner à l'Europe un traité que l'on considère encore aujourd'hui comme le code des nations, et qui reste en effet comme un monument sans continuateurs et sans égal.

Si donc la conférence de Vienne se fût inspirée de tous ses devoirs, comme le firent à une époque de crise générale les conférences de Munster et d'Osnabruck, le traité de Paris eût été, par analogie, un second traité de Westphalie, embrassant tout le problème européen. Le principe de l'arbitrage, que l'Empereur Napoléon parvint à y faire inscrire, eût peut-être reçu, dès cette époque, un développement pratique considérable, et hâté l'avénement des congrès périodiques et celui d'un institut judiciaire international, unique moyen de réaliser la paix permanente, la tranquillité des gouvernements, la limitation des dettes d'État, le désarmement, l'abolition des douanes et autres progrès vivement attendus par les amis de l'ordre et de l'humanité.

Nous craignons que la Conférence réunie aujourd'hui à Paris à l'occasion de la chute du prince Couza, ne soit réduite à l'impuissance; car elle s'y trouve, comme elle fut en 1855 à Vienne, dépourvue de principe et d'objet. De principe, il ne saurait en être sérieusement question s'il s'agit d'intervenir dans la constitution intérieure d'un État. D'objet, il n'en est pour la conférence qu'à la condition d'établir qu'il s'agit bien d'une affaire de sa compétence, c'est à-dire d'une affaire internationale, et que l'existence d'une principauté danubienne est une nécessité de l'équilibre européen.

Mais une telle nécessité existe-t-elle réellement, et exista-t-elle jamais? ..

Nous voudrions qu'après avoir reconnu que les Roumains et le prince Couza sont parfaitement dignes les uns des autres, et passé

à l'ordre du jour, les représentants des grandes puissances deman-
dassent à leurs gouvernements respectifs l'autorisation de s'occu-
per des intérêts généraux de l'Europe, en vue de soumettre le ré-
sultat de leurs travaux à un congrès universel des États. Il faudrait
en même temps, que dans chacun des États de l'Europe, les plénipotentiaires accrédités formassent une conférence analogue. Il résul-
terait de ce système un ensemble d'études prises à tous les points
de vue et portant sur les besoins des divers peuples.

Il y aurait donc, simultanément, autant de conférences en activité de travail, qu'il y a de nations, lesquelles, comme autant de
commissions parlementaire, élaboreraient les projets de réformes que
nécessite la situation précaire des intérêts européens.

Nous voudrions que la Conférence que l'on dit siéger en ce
moment à Paris, sortît de son obscurité en émettant elle-même une
telle proposition. Elle s'élèverait ainsi à un objet plus digne d'elle
que les Provinces danubiennes, et rentrerait dans la pensée qui
inspira à l'Empereur Napoléon cet appel des 4 et 5 novembre, que
les peuples de tous les pays civilisés couvrirent d'applaudissements.

Et de quoi s'agirait-il ? Il s'agirait de modifications à apporter à la
carte d'Europe en vue d'une meilleure distribution économique et
politique, et d'un moyen de rendre la paix réelle et permanente.

Est-ce là une mission impossible ? La tentative en serait-elle
indigne des gouvernements ; et s'il était démontré que chacun des
États peut y trouver des avantages, les hommes qui auraient con-
seillé la réforme et ceux qui en auraient étudié les moyens, au
risque même d'échouer dans ce noble but, seraient-ils à blâmer ?

Il appartient particulièrement à la diplomatie de donner à une
semblable question un intérêt positif, et de l'élever à la hauteur des
besoins généraux. Pourquoi ne prend-elle pas plus d'initiatives.
Pourquoi, héritière des principes libéraux du dix-septième siècle,
semble-t-elle s'être arrêtée au septicisme du dix-huitième et
comme inaccessible à la foi ardente des peuples dans un meilleur
avenir ? La diplomatie se résignera-t-elle perpétuellement à l'in-
grate tâche d'enregistrer des faits accomplis, et à rester dans l'or-
nière de la fatalité. Il y a un idéal social, elle doit s'en inspirer ; il
y a un progrès sensible vers le bien, elle doit y marcher ; il y a
des affaires, elle doit les traiter. Et elle-même n'a-t-elle pas à se
transformer ? N'est-ce pas à elle que revient de droit la magistra-
ture internationale dans l'ordre légal de l'avenir ?

III

La Russie

Derrière tous les mouvements qui ont lieu inopinément sur les divers points de l'Europe, l'œil de l'observateur cherchera toujours la main de la Russie. C'est le génie moscovite qui, le plus souvent, les suscite pour hâter la dislocation qui doit lui ouvrir la voie de l'Occident et du Midi.

Cette disposition envahissante est devenue plus manifeste depuis que Napoléon Ier en a signalé les périls. Napoléon, après avoir fait ou subi toutes les épreuves de la force organisée, avait compris qu'une guerre européenne était une *guerre civile*, propre à hâter une catastrophe générale. Il avait sondé à fond la Russie et reconnu que la force matérielle d'une pareille nation ne pouvait être contenue et balancée qu'au moyen d'une association intelligente des États de l'Europe occidentale. Il voyait le colosse rassembler un jour ses hordes éparses, par des communications devenues faciles, les diriger sur nos frontières, et, leur montrant ces belles capitales du monde moderne, ces produits brillants de l'industrie et des arts, ces contrées fertilisées par la culture et tant de trésors de toute nature, étalés au soleil du midi, leur dire : « Voyez toutes ces choses ! Elles seront à vous si vous m'adorez, si vous suivez

mon coursier à travers les plaines et les monts de ces royaumes
d'apparat où tourbillonnent en désordre des peuples vains et efféminés. Venez, vaillantes races de Genséric et d'Attila ; descendez,
pressez-vous, et que nos fils nous suivent à des conquêtes où nos
aïeux nous ont précédé. Je suis l'âme du slavisme, je suis le chef de
l'empire, le protecteur de la religion !... » Telle est l'effrayante vision
qui frappait l'œil pénétrant de Napoléon Iᵉʳ, et sa prédiction, connue de tout le monde, n'a fait jusqu'à ce jour que devenir plus
menaçante.

Comment, en effet, se dissimuler que cet empire, retranché dans
les glaces comme dans une forteresse inexpugnable, ne soit une
menace permanente et un danger réel? Il possède une population
de quatre-vingt millions d'âmes que l'émancipation des serfs aura
promptement doublées ; races robustes et primitives, qui nourrissent
dans une indépendance inculte les instincts brutaux de la guerre
et de la conquête, et sont toujours prêtes à marcher à l'appel du
chef suprême qui revêt à leurs yeux le prestige de la patrie et de
la religion, et peut facilement élever de tels sentiments à la hauteur d'un double fanatisme. Quelle résistance opposera l'Europe
fractionnée d'Occident, à cette nation essentiellement belliqueuse,
qui peut attaquer toujours, et n'a jamais besoin de se défendre, du
jour où les voies de communications étant devenues faciles et rapides, elle pourra précipiter à l'assaut de nos frontières des hordes
inépuisables dans leur nombre et indomptables dans leur sauvage
valeur ?

Nous entendons dire que la Russie est bien éloignée et que les
tzars actuels ne songent guère au testament de Pierre le Grand.
Mais la Russie est moins éloignée qu'on ne le pense ou qu'on ne le
dit ; et si elle est animée d'un esprit pacifique, pourquoi ne cesse-t-elle de marcher sur nous, par des voies ouvertes ou détournées ?
Pourquoi, au nord, est-elle en Pologne et en Finlande? Pourquoi
au midi, ses attaques acharnées, depuis un siècle, contre les valeureuses tribus de la Circassie et du Caucase? Pourquoi est-elle à
Tiflis et à Erivan, et fait-elle de la mer Caspienne un lac russe,
promenant sur tous les rivages de cette mer, et sans partage, une
marine à vapeur qui commande les golfes persans de Carobougas,
de Balkan et d'Asterabad à proximité de Téhéran ?

La Russie ne compte pas uniquement sur sa force ; elle a d'autres moyens silencieux, mais actifs. Les voyageurs qui ont observé en Perse, en Arménie et dans le Kourdistan, vous diront qu'en ces pays-là aussi, la Russie entretient depuis longues années des intelligences suivies ; que la monnaie russe y coule dans toutes les mains, là même où manquent les relations commerciales. Les menées de la Russie se font sentir de même dans les Provinces danubiennes et en Grèce où son gouvernement s'efforce de faire valoir le préjugé des races et l'analogie de religion.

On est généralement moins attentif à ce qui se passe à l'extrême Nord, dans les régions scandinaves. La Russie menace sans cesse la Suède et la Norvége. Il existe au cap Nord, sur les côtes de la Norvége, une position navale qu'elle ambitionne en secret, et qui, à son point de vue dominateur et offensif, serait pour elle une inestimable conquête. C'est dans le Finmark ou la Laponie (de Tromso à Hammersfest), une série de ports vastes, abrités, splendides, qui ne gèlent jamais, grâce à un courant chaud qui leur vient du Mexique, et qui pourraient contenir toutes les flottes de l'univers. Ces ports ne cessent jamais d'être ouverts aux relations d'Europe et d'Amérique, tandis que Cronstad, Archangel et même le Sund sont fermés par la gelée la moitié de l'année. Qu'on se figure de tels ports en la possession d'une nation dont la puissance continentale est déjà si disproportionnée ! La Russie cependant espère franchir un jour la Cordillière scandinave qui l'en sépare. Elle entretient à cet effet, parmi les populations nomades de la Laponie, le sentiment de sa supériorité sur la Suède et la Norvége, et prend déjà, parmi les titres nombreux de sa couronne, ceux de « seigneur du Finmark et d'héritier de Norvége ! » Évidemment la Russie n'attend qu'une occasion favorable pour réaliser de tels titres et atteindre le but que nous signalons…

Pour ce qui est de l'Allemagne, le système russe consiste à la circonvenir par des alliances matrimoniales avec des princes et principicules qui, dans un moment de crise suprême, n'auraient rien de plus pressé que de se jeter dans les bras du conquérant pour conserver leurs positions féodales. Enfin, la Russie a des alliés intimes, et pour ainsi dire naturels, au milieu de la société européenne. Tout ce qui est conservateur outré considère l'autocrate du Nord comme le protecteur né des intérêts de l'ancien régime, et compte sur lui pour les faire revivre un jour. Autant d'hommes vains et superbes dans les chancelleries et ailleurs, autant d'amis fervents de la Russie. Le tzar est si chevaleresque !… le tzar sait si bien offrir ou accorder des faveurs de parade!... Le tzar enfin est vénéré par tous les ennemis de la démocratie et du progrès, à l'égal du pape, et, bien que schismatique, porté affectueusement dans les mêmes cœurs. Les partis du passé n'ont rien oublié; ils recevraient aujourd'hui dans leurs bras les Russes, comme ils les recevaient après les désastres sanglants de 1814, et ne verraient en eux que de puissants alliés.

Telle est, pour ce qui a rapport à la Russie, la vérité. Si l'on y ajoute l'unité de langue et de religion, un caractère légèrement punique, unissant l'habileté à la force, le tableau est complet. C'est pourquoi, en signalant sans prévention aucune un tel état de choses, nous n'hésitons pas à nous rallier à une prédiction célèbre, et à dire que, dans un avenir peu éloigné, la Russie sera montée à cheval sur l'Europe, et que l'empire universel sera fait dans les conditions du despotisme, si un pacte fédéral n'a auparavant réuni en faisceau les États de l'Occident pour abriter la liberté.

L'Europe occidentale se console-t-elle d'une semblable perspective en vue des qualités attribuées à la Russie? Nous ne nions pas certains aspects de grandeur, et nous ne nous sentons point injustes envers les remarquables caractères de quelques-uns de ses princes, tels que Pierre, Catherine et les deux Alexandre. Nous savons qu'il s'est accompli dans ces dernières années une réforme que bénissent les amis de l'humanité. Mais de cruelles exécutions avaient lieu en même temps dans l'infortunée Pologne. Nous n'ignorons pas que la Russie contient dans ses provinces de bons germes d'institutions, et que son peuple possède de mâles et patriarcales vertus. Mais pourquoi la Russie pèse-t-elle toujours sur l'Occident? Son rôle providentiel et ses besoins réels sont du côté opposé. Qu'elle rentre dans ses anciennes frontières; qu'elle peuple et civilise son bel Orient, et dissipe ainsi les défiances que ses tendances motivent! La raison et ses propres intérêts l'y convient; mais pouvons-nous espérer qu'elle s'y résigne volontairement?...

IV

La Suède, la Turquie et la Perse

Mon intention n'est pas de faire un livre, et je ne puis que toucher aux points principaux de mon sujet. Il est des pays, tels que la France, l'Angleterre, l'Espagne, qui n'ont guère à retirer d'une meilleure distribution territoriale que les précieux avantages résultant de la paix et de la liberté commerciale; je n'en parlerai point spécialement. Mon attention se concentre sur les modifications à apporter à certains États qui, au double point de vue économique et politique, doivent avoir une destination essentielle dans une reconstruction normale de l'Europe.

La Suède, la Pologne et la Hongrie, au nord, étaient autrefois les forteresses de l'Europe; elles ont été démantelées ou rasées. La Turquie et la Perse, au midi, ont subi aussi des invasions qui les mettent à découvert. Mais la Suède la Turquie et la Perse sont, par leurs positions, les arcs-boutants de l'édifice à construire. Elles sont les avant-postes qui, au jour du danger, auront à supporter les premiers chocs d'une invasion moscovite. Ont-elles actuellement la consistance nécessaire à un tel rôle? Elles ne l'ont pas assurément, et l'Europe a intérêt à la leur donner.

La Suède doit être relevée des spoliations que lui a fait subir la

Russie, et devenir une nation plus forte, par l'adjonction du Danemark et de la Norvége, qui trouveront dans cette union leur part
d'une puissance du second ordre.

C'est là l'idée scandinave dont la réalisation est désirée de tous
les hommes éclairés des trois royaumes. Aucun obstacle sérieux ne
s'y oppose. Des intérêts de dynastie ne sauraient prévaloir dans
une question de cette nature, et tenir divisés des peuples qui ont les
mêmes mœurs, la même langue, une seule religion, des lois très-
rapprochées et des produits qui tendent à se compléter mutuellement
pour constituer une force de mer et de terre considérable. Les
amours-propres de localité réclameraient-ils? Ce serait jeu d'en-
fant, car il ne s'agit point de subalterniser ces États les uns aux
autres, mais de les réunir aux mêmes titres et droits. La Suède est
indiquée, par sa situation et par sa population, comme devant devenir le centre de la réunion. Elle compte actuellement plus de
quatre millions d'habitants, tandis que la Norvége et le Danemark
n'en ont pas plus, chacune, d'un million et demi. Notre impartialité
voit une autre raison à une agrégation suédoise, c'est que la Suède
fait face à la Russie, et que la Finlande lui revenant, sa capitale
serait centrale pour tout le royaume scandinave.

Quant à la Turquie, elle doit être solidement rétablie entre la
mer Noire et la mer Caspienne, et couvrir de sa suzeraineté, sinon
par une réunion consentie, la Circassie et le Caucase. Elle
m'inspire une sollicitude très-particulière que je ne sais comment exprimer pour n'avoir pas l'air, en voulant la servir, de
lui être hostile. Mais, d'autre part, peut-elle se dissimuler que
ses possessions d'Europe tendent invinciblement à se soustraire
à son obéissance, et que les gouvernements se montrent peu disposés
à les lui garantir? C'est donc parce que la Turquie doit fatalement les
perdre que je désirerais, dans l'intérêt de cette puissance, qui fut
toujours une loyale amie de la France, voir intervenir un système
consistant, pour elle, à céder un bien qui doit lui échapper par la
force des choses, moyennant des indemnités pécuniaires qu'elle
emploierait à mettre en bon état ses possessions négligées du beau
pays d'Asie.

La Turquie d'Asie, baignée par quatre mers, est assez étendue
pour former un empire du premier ordre. Mais là, tout est à créer
pour ainsi dire : villes, villages, mosquées, écoles, fontaines,
plantations. Le sol est fertile, les mines abondent, les cours d'eau

sont nombreux. Le gouvernement du sultan s'efforcerait d'attirer et de transporter de la population dans ces contrées, qui furent autrefois prospères, et sont aujourd'hui presque abandonnées. Il désignerait la nouvelle capitale, dessécherait les marais, assainirait les villes existantes, fixerait les tribus nomades du désert, construirait des ports dont il manque dans la Méditerranée même; il endiguerait les fleuves, établirait des arrosages sur grande échelle, creuserait des canaux, construirait des chemins de fer, et éléverait rapidement l'empire à la plus haute prospérité.

De tels conseils, j'ai la douleur de le penser, heurteront le sentiment national; mais ils sont d'un ami sincère de la Turquie, qui prévoit le sort réservé à ses posssessions européennes, et qui voudrait sauver à la fois les intérêts de cette noble nation, et le lien cordial qui la lie au concert des grandes puissances. La Turquie, devenue prospère, serait forte sur mer et sur terre, et sa civilisation se perfectionnant sous l'action déjà sensible des réformes intérieures, elle aurait à la fois une main sur le Caucase, pour contenir la Russie, et l'autre du côté de la Perse et de l'Inde, pour transmettre à ces contrées ce qu'elle croirait devoir emprunter aux institutions et mœurs de notre Occident.

Pour ce qui est de la Perse, tout est dit en lui offrant une place dans le concert européen, et en l'invitant à former des alliances avec les tribus du midi de la Caspienne, et à sauvegarder avec elles cette mer, pour leur commune sécurité.

V

La Carte d'Europe

La difficulté et l'ampleur de mon sujet me font une nécessité de me résumer dans des indications générales qui, je l'espère, rendront sensible ma pensée. Je soumettrai, en conséquence, au lecteur, une esquisse rapide des réformes que j'avais jugées nécessaires dès la guerre de Crimée, et auxquelles j'avais d'abord été induit par des sympathies et des sentiments de justice, fortifiés aujourd'hui par la réflexion et l'expérience de dix années.

Il y a un petit nombre de pays qu'après ma patrie, j'ai particulièrement aimés : L'Italie, dont tout le monde a connu les infortunes; l'empire ottoman, où j'avais voyagé et admiré une noble race, sinon des institutions parfaites, et la Grèce, pour laquelle, au sortir des écoles, je versai mon sang.

Ces trois pays n'étaient point dans une situation normale par rapport à d'autres. Il manquait à l'Italie son indépendance et sa nationalité; à la Turquie surchargée de territoire, des capitaux pour ouvrir les trésors de son sein à la circulation, et devenir par sa prospérité un trait d'union entre l'Europe civilisée et l'Asie encore barbare. La Grèce pouvait utilement recevoir un agrandissement de territoire, et, en devenant une nation plus considérable, se voir affranchie de la nécessité qui la porte sans cesse à chercher un appui d'un côté où, pour sa propre sécurité, elle ne doit jamais se tourner. J'avais aussi entendu gémir sous le despotisme étranger la Pologne, et je n'oubliais pas que cette valeureuse nation et une autre sauvèrent autrefois de l'invasion asiatique l'Europe, qui les a sacrifiées.....

La satisfaction à donner à des nécessités particulières allait d'accord dans ma pensée, avec une préoccupation capitale, élever une barrière infranchissable à ce torrent qui, à travers les âges, se précipita plusieurs fois des contrées septentrionales sur l'Europe occidentale, entraînant dans son débordement des civilisations déjà avancées.

Il fallait, je crois, dès l'époque de la guerre de Crimée, dresser le plan d'une meilleure carte européenne. Une entente devenait nécessaire contre la Russie; non pas en haine de la puissante nation enfantée par le génie de Pierre le Grand, mais en vue de l'équilibre du monde, et pour déterminer le gouvernement du tzar à diriger la vie exubérante de la famille russe du côté de son Orient, qui reste à peupler et à civiliser, et non plus du côté de l'Occident, où son expansion, sans objet utile, devient objet d'oppression.

Une coalition de cette nature devait porter avec elle un manifeste pacifique, et le projet d'une confédération qui aurait entretenu des rapports de bon voisinage avec la Russie elle-même, du jour où cette puissance se serait décidée à faire loyalement le rôle qui lui convient dans le grand atelier de la civilisation. Car chaque nation doit contribuer, selon sa position géographique et ses facultés propres, au perfectionnement du genre humain, et toutes ensemble doivent marcher à un état de choses plus ou moins conforme à l'idéal religieux qui fut conçu par le christianisme, mais non point réalisé par l'Église, qui ne possédait pas les éléments propres au régime politique et économique des États.

Dans le plan dont il s'agit, les limites de la Russie à l'Occident allaient être marquées par une ligne qui, en remontant le Dniéper dans toute sa longueur, et descendant la Duna ou le Niémen, eût abouti au golfe de Riga ou à celui de Dantzick. L'empire des czars au midi n'aurait point dépassé la rive septentrionale de la mer Caspienne et les bouches du Volga, et sa marche eût été arrêtée au pied du Caucase. Au nord, on lui eût assigné les anciennes frontières de la Finlande, et la mer Blanche l'eût séparée de la Laponie.

La **Perse**, associée comme nation du second ordre au concert enropéen, et rattachée par quelque lien conforme à la solidarité des intérêts aux tribus du midi de la mer Caspienne, comme la Turquie aux montagnes de la Circassie et du Caucase, aurait puisé dans cette association la force de résister à un ennemi qui est à ses portes. Elle ne se verrait pas menacée, comme elle l'est aujourd'hui, de devenir le centre des opérations par lesquelles la Russie tournera un jour la Turquie, et franchira d'un côté l'Arménie et le Kurdistan pour se poser en Syrie et à Jérusalem, objet de sa tendance religieuse ; et, de l'autre, la vallée de Sulimanié et Bagdad, jusqu'au golfe Persique.

La Russie eût été condamnée à peupler ses steppes de Sibérie, et à diriger exclusivement son expansion vitale vers l'extrême Orient, en longeant par le nord les montagnes de l'Inde, et aussi dans la direction du fleuve Amour.

En restituant la Finlande à la Suède, et en lui annexant, selon l'idée scandinave, la Norvége et le Danemark, on eût donné à cette puissance la force de se soutenir du côté du Nord, tandis que la Turquie et la Perse étaient en mesure de résister du côté du Midi, et d'opposer une solide barrière au fol attrait qui porte incessamment la Russie vers l'Occident.

L'Autriche allait abandonner l'Italie, et en s'étendant le long du Danube et dressant pavillon sur la mer Noire, se constituer gardienne de la paix entre la Russie et l'Empire ottoman. La Prusse repassait le Rhin, cherchait un débouché du côté de l'Elbe, et les petits États de la Confédération allemande s'organisaient librement ; la Grèce était agrandie sur son continent, et la Pologne, bien entendu, était rétablie.

Quant à la Turquie, on ne pouvait sauver ses intérêts et hâter la régénération à laquelle elle aspire, qu'en lui conseillant un sacrifice grand, sans doute, mais qui eût été loyalement compensé par les puissances. Elle renonçait à ses possessions d'Europe, qui sont pour elle une source continuelle d'embarras, et qu'elle est destinée à perdre par la force des choses. La Turquie eût été indemnisée d'une somme de deux à trois milliards de francs, payables en vingt années, par les nations les plus favorisées. L'emploi de cette indemnité eût été affecté par la Turquie à la construction de villes et de ports dont elle manque, au rétablissement de sa flotte, ainsi qu'à l'appui de son industrie et de son agriculture presque nulles encore. Damas ou Smyrne fût devenue capitale de l'Empire élevé en peu de temps à la plus haute prospérité.

Constantinople, avec les détroits, était neutralisée et devenait la ville des réunions diplomatiques. Là, comme dans les autres contrées d'Europe, les propriétés de toutes natures des Turcs restaient inviolables et protégées.

La Grande-Bretagne eût-elle approuvé le projet ?

Il suffisait, je crois, à la Grande-Bretagne, de voir les Indes et la Méditerrannée hors de danger de la part de la Russie, et la marine de cette puissance limitée dans son développement par la perte de la Finlande d'où elle tire un matériel considérable, et par l'impossibilité d'atteindre ces ports naturels de Hammersfest, dont nous avons parlé, d'où elle menacerait les deux mondes. On eût donc obtenu le concours de l'Angleterre, car si d'un côté le continent Européen acquérait plus d'importance, de l'autre, la question d'Orient, dont la solution importe aux intérêts anglais, se trouvait résolue par la question d'Occident.

L'Angleterre, d'ailleurs, est élevée à des conditions commerciales tellement liées à la paix publique et dépendantes d'un bon ordre européen, qu'elle ne saurait refuser son concours aux mesures qui tendent à les réaliser. Elle ne prétend plus à la prédominance exclusive sur la mer, et n'ignore pas que les chemins de fer ont complétement modifié les forces maritimes. Elle doit désirer la neutralisation mutuelle des marines du monde, par l'accroissement de leur nombre. Et que n'a-t-on pas à espérer de la sagesse dont elle a donné récemment l'exemple, par l'abandon volontaire des îles Ioniennes ? Mesure libérale qui rappelle la suppression de sa part de l'acte de navigation, la proclamation du libre échange et son alliance avec la France dans un but de civilisation ?

A l'occasion de la guerre de Crimée, le moment était, je crois, propice pour faire un appel aux puissances dans un but aussi étendu. La provocation de la Russie, ses projets bien connus d'envahir l'Empire ottoman pour dominer la Méditerranée, et de menacer les Indes du haut de la Perse, pouvaient hardiment motiver cet appel. Si l'on eût été jusque-là, j'ose croire que cette guerre, ou plutôt cette attitude des puissances, aurait pu avoir pour conséquence d'utiles modifications dans l'organisation des États, au profit de tous.

Déjà l'Angleterre était complètement entraînée dans l'initiative de la France, l'Autriche consentait à s'étendre, quoique nonchalamment, sur les Provinces danubiennes ; l'Italie unissait ses coueurs aux nôtres, et la Suède sollicitait une alliance. La Prusse restait donc presque seule à décider pour que l'attente fût générale.

Un tel plan, du reste, ne pouvait pas être purement circonstanciel. Il devait être étendu en plein soleil, sans préoccupations individuelles ni arrière-pensées. Il eût été livré aux divers Gouvernements et à l'opinion publique (*de commodo et incommodo*), discuté longtemps, critiqué, amélioré, perfectionné. Il fallait, à la tête de l'entreprise, une nation amie de Dieu et des peuples, glorieuse, forte, incarnée dans un chef, avec son génie initiateur et ses aspirations indomptables à la civilisation du monde. La nation et le chef existaient. Ils eussent mis au service de cette grande cause de savantes démonstrations, une volonté ferme, la persistance, la patience, et l'appel au peuple aussi bien qu'aux rois, et fait dans ce sens, au besoin, la guerre *pour une idée*, l'idée de réaliser une meilleure distribution organique des États, et de rendre possible, au moyen d'une institution de droit commun international, la permanence de la paix. C'est à cette dernière condition surtout que la coalition contre la Russie et les modifications internationales eussent rencontré la participation de l'opinion publique, toujours facile à émouvoir par l'attrait des hautes pensées, et qui, si elle se détermine encore facilement pour la guerre, n'est déjà plus indifférente à un état de choses où la force des hommes et les ressources des nations seraient employées à la prospérité générale, et où l'humanité cesserait de voir les différents États se trancher par la force brutale, et une fatalité aveugle immoler les uns par la main des autres les enfants de Dieu.

VI.

La Juridiction internationale

Nous sommes au cœur de la question, car il s'agit principale-
ment dans notre pensée de substituer aux décisions aveugles de la
guerre, une juridiction qui, par des sentences arbitrales, main-
tienne incessamment la paix, et forme le lien d'unité par le droit
commun. Nous avons dit que le principe d'un semblable état de
choses était dans l'idéal chrétien, mais que l'Église avait échoué
dans sa réalisation, par la raison que, au lieu de se borner à tenir
élevé cet idéal modèle au-dessus de la politique, elle avait voulu
mettre la main à la politique même, dont elle ne possédait pas les
éléments propres. Les éléments politiques manquaient effective-
ment à l'Église, et elle ne pouvait se les approprier sans abjurer la
spécialité morale qui est l'objet de son ministère, et sans introduire
la confusion dans l'ordre général. Aussi arriva-t-il qu'en s'écartant
de la sphère spirituelle, qui est l'essence du christianisme, pour
prendre la direction des États, au moyen âge, elle ne fit que porter
la pertubation, soit entre ces États, soit à leur intérieur. Le pape,
préposé comme institution d'unité, fit un rôle tout opposé à
ce but, et la division dans laquelle il ne cessa d'entretenir les nations, en vue de faire prévaloir la conception surnaturelle du droit

divin, sur le droit naturel, dans la politique, paralysa le progrès, et réagit en schisme sur la religion elle-même.

C'est pourquoi, après la désastreuse guerre dite de Trente-Ans, allumée par les passions religieuses, les souverains désabusés rejetèrent comme lien d'unité le pape, et entrèrent dans l'habitude de se maintenir en rapport au moyen de représentants diplomatiques à demeure.

Mais cette diplomatie errante n'est pas l'unité. Les congrès auxquels les puissances ont recours de loin en loin, et d'ordinaire après avoir épuisé leurs forces par la guerre, ne constituent pas non plus l'unité, puisqu'ils ne sont ni périodiques, ni permanents, ni investis précisément d'une autorité juridique. Et c'est là que nous trouvons la lacune formidable à laquelle il s'agit de pourvoir en vue de la tranquillité générale. Une loi d'unité, corrélative à la loi naturelle de décomposition, doit exister dans l'ordre moral et scientifique, et tant qu'on ne l'aura pas trouvée, il faut courageusement la chercher.

Faute d'un lien tiré des éléments naturels de la morale et du droit, les nations restent suspendues sur l'abîme de la guerre, voisin de celui des révolutions. Elles entretiennent des armées ruineuses en vue de conjurer ces deux fléaux. Mais si l'unité ne se fait pas, la banqueroute peut se faire; et cette force publique sur laquelle les gouvernements comptent un peu trop pour assurer la stabilité intérieure et leur influence réciproque sera frappée par la base. A la banqueroute des États, aucun gouvernement ne résisterait, aucune institution de crédit ne survivrait. La prospérité matérielle devenue insuffisante pour le maintien de l'ordre, serait l'aliment d'une guerre sociale qui dévorerait la civilisation et ouvrirait une fois de plus la porte aux barbares.....

La diplomatie résiste à cette démonstration et nous dit : Où serait la sanction des décrets d'une juridiction internationale?....

La sanction des décrets internationaux serait dans la raison des gouvernements, dans la solidarité de plus en plus étroite des intérêts, dans l'ascendant de l'opinion publique. Quel État résisterait à cet ensemble d'autorités? Il serait en tout cas une exception scandaleuse, et la Cour suprême aurait au service de ses décisions une foule de mesures purement passives, et n'aurait pas même besoin, selon nous, de recourir à des contingents fédéraux. Les différends des États tiennent d'ordinaire à des susceptibilités ou à des intérêts. La décision arbitrale juste ou injuste, en sauvant constamment l'honneur, atteindrait pacifiquement son but ; et quant aux intérêts matériels, il y a toujours moyen de les concilier.

Et qui donc est en droit de nier la valeur d'un moyen qui n'a jamais été mis à une épreuve générale dans les temps modernes, et dont la tentative fut cependant faite avec un certain succès dans l'antiquité ? Qu'on se rappelle le tribunal des amphictyons grecs qui arrêtait des armées en marche, en déclarant injuste la cause qu'elles allaient servir ! Qu'on se rappelle l'institut du fécial des Romains, à la vue duquel Bossuet s'écrie : « Sainte institution s'il « en fût jamais, *qui fait honte aux chrétiens à qui un Dieu de paix* « *n'a pu inspirer la charité et la paix ! !...* »

Il y a parmi les penseurs deux ordres d'hommes opposés à l'idée d'une juridiction internationale. Ce sont les matérialistes de l'école de Hobbes, de Spinosa, de Boulainvilliers, de Hégel, qui croient l'antagonisme éternel et nécessaire, et nient le droit au profit de la force. Ce sont les partisans aveugles du droit divin, tels que Joseph de Maistre ou de Bonald, dont les disciples, actuellement encore, songent à restaurer plus ou moins la théocratie universelle, et caressent, dans ce but chimérique, la souveraineté temporelle du pape, insouciants du mal qu'il font à la religion et du retard qu'ils causent à l'établissement d'une institution rationnelle d'unité politique et de paix.

Mais nous avons aussi une école libérale qui s'appuie sur les meilleures traditions du droit antique en le fortifiant de l'inspiration chrétienne. On la voit se former peu à peu au sortir du moyen âge, dans les études de Vittoria, d'Albert le Grand, de Bacon, d'Albéric Gentil, de Selden, cherchant un germe de juridiction à la fois dans la religion, dans la casuistique, dans la scolastique. Grotius apparaît ensuite. Interprète net du droit, il est plus positif et plus pratique ; il fait la part de la fatalité des événements et de la guerre, mais en leur opposant la morale et la raison. « Il y a, dit Grotius, « des devoirs réciproques, et ils constituent un *droit des gens...* « Le droit est naturel toujours, et quelquefois conventionnel... « L'homme a reçu de Dieu la notion du juste et de l'injuste, avec « la raison pour se diriger ; mais les sociétés ne peuvent se diriger « que par un droit conventionnel et obligatoire, conforme au droit « des gens... La force ne donne pas le droit. Les nations sont égales « devant le droit. »

Puffendorff et Wolf se font les continuateurs de Grotius à l'appui du droit, et, comme lui, en fortifient les notions rationnelles par des appels à la morale : « Toute autre que la guerre défensive est illé- « gitime... La guerre est un outrage à la morale et à l'hu- « manité !... »

L'ère moderne s'agrandit avec plus d'éclat encore et de précision avec Vattel. L'illustre juriste enseigne que « l'indépendance des « États constitue la non-intervention et l'inviolabilité mutuelle. » Il a conçu que « le droit peut être la base de l'*unité européenne*...» Ancillon, qui fut ministre d'État, vient corroborer cette idée sublime et déclarer nettement que « l'absence d'un droit positif entre « toutes les nations est l'unique cause de guerres. » Martens considère comme facile « une convention des États stipulant le « droit .. »

A côté de ces éminentes autorités de juristes et d'hommes d'États, se placent d'autres écrivains moralistes ou économistes du premier ordre, tels que Leibnitz, Cumberland, de Saint-Pierre, William Penn, Jérémie Bentham, Fichte, Burlamaqui, Pinheiro Ferrára et Emmanuel Kant. Puis viennent les invocations désespérées de cette illustre victime des jeux de la guerre, nouveau Prométhée, qui du haut du rocher de Sainte-Hélène où il expire, crie à notre génération : « Association européenne... institut amphictyonique... Eu- « rope république ou cosaque... Ah ! si j'avais eu le temps !!..... »

Napoléon Ier n'eut pas le temps, en effet, de réaliser le glorieux projet dont il avait fait le prologue de l'acte additionnel, et qui devait assurer à l'Europe, en même temps qu'à la France, deux éléments indispensables à la vie sociale : la paix et la liberté. Mais son successeur a le temps encore, et il dépendrait peut-être de Napoléon III, en ce moment, d'obtenir de l'opinion universelle des peuples une adhésion qu'il n'a pas rencontrée, il y a trois ans, dans la prudence des gouvernements, et de peser sur leurs résolutions. Car tout ce qui est peuple, c'est-à-dire tout homme existant par un honnête emploi de son activité : industriel, agriculteur, commerçant, banquier, spéculateur, père de famille, artiste, c'est-à-dire tout le monde à peu près, a besoin de paix, et le grand projet de constituer la paix n'a contre lui que les partisans du passé, malheureusement trop bien placés, même chez nous, pour s'y opposer.

VII

Une première Réforme

Nous avons exposé nos idées au point de vue des intérêts économiques et politiques de l'Europe, et dans un sens à résoudre l'une par l'autre les questions d'Orient et d'Occident. L'Europe, sans cesse menacée par des mouvements individuels de chacun de ses États, ne sait où elle va ; ses éléments se heurtent dans leurs tendances respectives, de manière à tout compromettre. Les menaces de guerre se produisent on ne sait souvent pourquoi ; mais ce qui est particulièrement à redouter, les États se ruinent pour maintenir une paix armée, et la banqueroute de l'un d'eux peut donner lieu à une panique qui ruinerait de fond en comble le crédit, et consécutivement la force armée qui est l'unique soutien du vieil édifice. Ce sont là des symptômes alarmants, et l'aspect qu'ils présentent se complique de la persistance de la Russie à vouloir enlacer dans ses bras avides l'Occident.

Des signes si fâcheux sont-ils imaginés à plaisir ? Sont-ils exagérés ? Nous livrons en toute sincérité cette modeste étude à des hommes mieux placés que nous pour en faire une application utile. Et, tout d'abord, nous reportons notre pensée vers la conférence réunie en ce moment pour les provinces danubiennes. Cette conférence, composée d'hommes pratiques, ne pourrait-elle pas faire sortir immédiatement de notre théorie, et proposer aux puissances un fait substantiel ? Ce fait consisterait à transférer de la Turquie à l'Autriche, de par le droit international, la suzeraineté, ou, pour mieux dire, la souveraineté des Principautés danubiennes, moyennant que cette dernière se retirât de la Vénétie et laissât à la Prusse les duchés de l'Elbe. L'Italie, en ce cas, payerait à la Turquie une indemnité de trois à quatre cents millions de francs dans l'espace de dix années.

Un tel arrangement serait dans l'ordre des choses, et ouvrirait, par analogie, la porte à toutes les réformes territoriales qui doivent diminuer la gêne de plusieurs États de l'Europe sur lesquels pèsent d'anciennes conquêtes. Il répondrait d'ailleurs à des nécessités urgentes ; car la Vénétie est un danger pour tout le monde et une cause de ruine pour deux importants États. Les provinces du Danube, de leur côté, sont un foyer d'inquiétude toujours renaissante, et ont besoin de trouver dans leur réunion à une grande puissance une sécurité que leur autonomie ne peut réaliser, et une protection que les puissances occidentales, trop éloignées, ne sauraient leur assurer. Il y aurait donc dans la haute mesure en question une satisfaction donnée à des nécessités considérables d'ordre européen, et elle marquerait le point de départ de toutes les réformes organiques que nous avons esquissées.

VIII

Conclusions

Nous résumons nos conclusions :

1° A ce que l'on considère les différends du moment comme des symptômes du mal profond qui travaille l'Europe, en Occident comme en Orient ;

2° A ce que la conférence actuellement réunie à Paris étudie largement les besoins de l'Europe en vue de soumettre son travail à un congrès général, et que des conférences analogues soient ouvertes dans les autres États, par la réunion des plénipotentiaires qui s'y trouvent accrédités ;

3° A une entente des puissances occidentales pour mettre obstacle à la gravitation systématique de la Russie, qui tend à les absorber ;

4° A un élargissement de l'Europe occidentale, par l'acquisition à l'amiable des possessions de la Turquie dans cette contrée, au profit de plusieurs États resserrés dans leurs limites, et aspirant légitimement à les étendre ;

5° Au transfert immédiat, de par le droit international, des Provinces danubiennes à l'Autriche, en échange de la Vénétie, et moyennant une indemnité qui serait payée à la Sublime-Porte par l'Italie ;

6° Enfin à l'élaboration d'un code de droit public universel, et à l'établissement d'un institut permanent de juridiction internationale, combiné avec la périodicité des congrès généraux.

PARIS. — TYPOGRAPHIE ET LITHOGRAPHIE RENOU ET MAULDE
rue de Rivoli, 144. — 52001